HANS BEECK

GANZHEITLICHE GESUNDUNG

im Lichte von Yin und Yang

DREI EICHEN VERLAG AG
ENGELBERG / SCHWEIZ + MÜNCHEN

ISBN 3-7699-0249-1
Verlagsnummer 249

München 60, Landsberger Straße 527
2. Auflage, 4.–6. Tausend 1973

Inhaltfolge

Vorwort des Verfassers

Die höchste Gesundheitsform dürfte selbst in den meisten von denen, welche heute noch frei von Krankheit sind, nur als Ahnung, als undeutliche Sehnsucht fortbestehen. Wer als konstitutionell einstmals Schwerkranker durch sich selbst zu einer relativ guten, in unseren Tagen allgemein »vollkommen« genannten Form der Gesundheit gelangt, ist besonders leicht dazu verführt, den errungenen Erfolg für die Realisierung der letzten biologischen Möglichkeit seiner Selbstentfaltung zu halten. So erging es mir wenigstens am Ende der ersten Phase meiner praktischen Erforschung eines unbedingt zuverlässigen Verfahrens zur Ertüchtigung des Zentralnervensystems.

Der zweite, meine Versuche endgültig beschließende therapeutische Abschnitt fand – im Gegensatz zu dem ersten – in einem subtropischen Klima statt und bezog einen ganz bestimmten entscheidenden Aspekt des zerebralen Geschehens, die Funktion des Mittelhirns, in die Beobachtungen ein.

Angesichts des uneingeschränkten Erfolges des zur Konsolidierung der »kosmischen Bindung« und damit der morphologischen Wertigkeit der Nervenzellen des Gehirns angewandten Verfahrens fühle ich mich verpflichtet, meine Erfahrungen sowohl denen, die leidend sind, als auch deren wahrhaftigen ärztlichen Helfern bekanntzugeben. Wenn auch nur einzelne den hier kurz umrissenen Weg bis zu seinem Ziele beschreiten, so wäre damit immerhin schon wesentlich Wertbeständiges erreicht. Möge dieses kleine Werk dazu geeignet sein, der Menschheit Segen zu spenden!

Die wahre Natur der Schwäche

Der im Zeichen des Widders Geborene kämpft mit besonderer Leidenschaft um das »innere Licht«. Mächtig drängt es ihn zur Befreiung seines Bewußtseins für ihn selbst und für die anderen hin – jede Faser in ihm sehnt die Freilegung des ewigen Wesenskernes herbei. Und es ist nicht zuletzt diesem Umstand zu verdanken, daß hiermit ein umfassender Bericht von der Heilung eines der schwersten, bis in die feinsten Wesensschichten reichenden Leidens vorgelegt werden kann – eine Schilderung der Umwandlung einer konstitutionellen Schwäche des Zentralnervensystems in höchste, ganzheitliche Gesundheit des ehemals Kranken. – Der Heilungsprozeß war von einer allmählichen »Auflichtung« des inneren Wesens begleitet, als welche nämlich nichts anderes als der in seiner Gänze ausschließlich spirituell erfaßbare Reflex des individuellen Gesundheitszustandes ist.

Das Gehirn ist unser »Ausstrahlungspol«, unser leibliches Radargerät – unaufhörlich fließen bekannte und unbekannte kosmisch-feinstoffliche Ströme zweier einander grundsätzlich entgegengesetzter Kräftekategorien über die Nervenzellen an bestimmten Stellen des Körpers in die Blutbahn des Menschen ein. Das Herz, die »Sonne« in uns, verdichtet jene verschiedenen, im Blute schwingenden, kosmisch-geistigen Kräfte und sendet sie zum Gehirn empor, über welch letzteres sie – in körpereigene, wesentliche Fluoreszenz umgewandelt – als »Bewußtseinslicht« im Makrokosmos münden. Schon vor Tausenden von Jahren wußten die Chinesen um feine »Lebens-Ströme«, die die einzelnen Organe des Körpers mit Energie aus dem All versorgen.

Je ausgewogener und damit umfassender und intensiver jener belebende Strom die Hirn-Nervenzellen passiert, desto glücklicher ist der Mensch. Alle Freude, alles Leid hängt von diesem Prozeß der Vergeistigung, vom Grad der »Bindung« des Menschen an den Kosmos ab! Schon eine geringfügige, physische Erkrankung verändert das Gemüt des von ihr Betroffenen – das heißt also, der Kontakt mit der Umwelt ist geschwächt, die zentrale »Strahlung« verläuft nicht ganz reibungslos, weil der feinstoffliche Strom an einer Stelle vermindert und das innere Gleichgewicht des Blutes nicht zuletzt auch deshalb unvollkommen ist. Mit jeder Krankheit entfernen wir uns von den feinsten Wesens-Sphären, von unserem Höheren Selbst!

Die Leiden des nach Verwirklichung des inneren Lichtes Strebenden (welches innere Licht einen mehr oder minder großen, durch Reflexion des Gesamt-Gesundheitszustandes im Transzendentalen freigelegten Ausschnitt des absoluten, unendlichen Bewußtseins darstellt und im vollkommen Gesunden eben dieses letztere selbst, mithin also ohne Grenzen ist) – dessen Zentralnervensystem sich jedoch als zu schwach für die Herstellung jener unbegrenzten Freiheit erweist, dürften wohl zu den schwersten, den Kranken am tiefsten bewegenden zählen. Aufgrund der Schwere des Leidens ahnt der Kranke jenes »Licht der Gesundheit« ganz besonders stark – ja, er »schaut« es, sich meist an irgendeine kosmisch-religiöse Praxis anklammernd, zu einem kleinen, ihm noch verbliebenen Teil im Transzendentalen vielleicht sogar – er probiert die verschiedensten geistigen und medizinischen Mittel aus, um die furchtbare Trennung zwischen ihm, dem Mikro-Kosmos Mensch und seinem höheren, an das All gebundenen Selbst zu beenden –, doch es gelingt ihm nicht. In diesem verzweifelten Ringen, in dieser erschütternden Sehnsucht sind, oft mit einer bis zur fast restlosen Selbstentäußerung geläuterten Hoffnung im Herzen – unzählige konstitutionell mehr oder weniger schwache Menschen untergegangen. Ihre Anzahl ist Legion, ihre Schicksale reichen von dem des leistungsunfähigen Kranken über das des leidenden Dichters mitunter bis zum hochreligiösen Vorbild empor. Aber aller ihrer Tragik lag ein Zustand der Schwäche bzw. einer nicht optimalen Leistungsfähigkeit der zentralen Organe zugrunde.

Für die »kosmische Bindung« des Menschen ist neben dem Großhirn vor allem das *Zwischenhirn* – jener Teil, durch den die Großhirnhälften mit dem Stammhirn verbunden sind, von ausschlaggebender Wichtigkeit. Eine bis in das Zwischenhirn (Mittelhirn) reichende Schwäche reflektiert die vom Großhirn kommenden Bewußtseinsimpulse negativ auf die Eingeweidetätigkeit (Zuckerausscheidung, Hunger, Durst), auf den Stoffwechsel, die Wärmeregelung, den Wasserhaushalt usf. Es kommt zu dem heute so häufigen Bild der »vegetativen Dystonie« . . .

Für den Vorgang der Vergeistigung der kosmisch-feinstofflichen, wie vermutlich auch eines Teiles der geschlechtshormonalen Kraft, ist vor allem die funktionelle Wechselbeziehung zwischen der an der Schädelgrundfläche liegenden Hypophyse (Hirnanhangdrüse) und der am hinteren Ende des »Balkens« gelegenen Epiphyse (Zirbeldrüse) entscheidend. Diese beiden, ihre Hormone unmittelbar in das Blut abgebenden Drüsen werden – ebenso wie das gesamte übrige Endokrinum – vom Zwischenhirn gelenkt, welch letzteres seinerseits von der Großhirnfunktion beeinflußt ist. Vor allem die Zirbeldrüse nimmt mit ihren Hormonen am Prozeß der Spiritualisierung teil – sie »blockiert« nicht, wie man oft meint, die unter anderem auch fruchtbarkeitserzeugende (gonadotrope) Funktion der Hirnanhangdrüse, sondern sie spiritualisiert die im Blute schwingenden Kräfte und erhöht deshalb bei vermehrter Tätigkeit das Potential des *Willens* des Betreffenden. Umgekehrt bewirkt eine schwache Tätigkeit der Großhirn-Nervenzellen (das ist zum Beispiel auch dann der Fall, wenn die geistige Ausstrahlung oder »kosmische Bindung«, mithin das feinstoffliche »Substrat« des Willens, weitgehend durch optische oder sonstige äußeren, sinnesreizenden Effekte aufgesogen wird) – ein fast gänzliches Versiegen der beim Erwachsenen ohnehin nicht vollkommenen Zirbeldrüsenfunktion. Dies wiederum hat eine Stauung der im Blute befindlichen Fruchtbarkeit kosmischer wie auch hormonaler Art zur Folge und führt letzten Endes, wenn die physiologische Situation keine Besserung erfährt, zu depressiven Symptomen- oder aber zu der Notwendigkeit des Geschlechtsverkehrs. Klinische Versuche haben ergeben, daß dem Menschen injizierte Zirbelextrakte von Rindern ein hypersexuelles Krankheitsbild für eine gewisse Zeit zum Abklingen bringen können – und das eben deshalb, weil der zentrale Stoffwechsel und damit die feinstoffliche Strahlung, das heißt also auch das letzten Endes von der Großhirnfunktion bestimmte *Willens*potential des Kranken, gehoben sind. In der Tat werden Experimente mit derartigen Extrakten seit einiger Zeit auch im Bereich der Schizophrenie durchgeführt. Aber da auch die innersekretorischen Drüsen vom Großhirn resp. vom Zwischenhirn abhängig sind, können Maßnahmen solcher Art niemals wirkliche Heilung bringen. Sie erfassen nur einen Teil des zerebralen Geschehens – wie alles, was man bisher im Falle der zentralen Schwächen getan hat und tut.

Der hochgradig Nervenschwache ist aus den erläuterten Gründen im Bereich der Sexualität ganz besonders labil. Oft sieht er sich gezwungen, sein Blut durch Entzug der aus kosmischen und geschlechtshormonalen Werten bestehenden »Fruchtbarkeit« auf sexuellem Wege in relativ rascher Folge zu »entlasten«, um eine verhältnismäßig reibungslose Funktion der zentralen Zellen wenigstens für kurze Zeit möglich zu machen. Diese relativ kurze und beim Nervenschwachen auch von einer außergewöhnlichen, physischen Entkräftung begleitete Spanne zwischen den Coiti wird noch erheblich verkürzt, wenn der Betreffende reichlich Eiweiß zu sich nimmt; hierdurch kommt der zentrale Stoffwechsel noch rascher wieder zur Fehlfunktion.

Besonders nachteilig wirkt sich auch die gestörte Situation des Wasserhaushaltes aus. Sie veranlaßt zum Beispiel ein sehr häufiges Erwachen des Kranken während der Nacht (in schweren Fällen mitunter bis zu zwanzig Mal, vor allem nach starker Belastung irgendwelcher Art), und zwar auch dann, wenn nur sehr wenig Flüssigkeit in der Blase vorhanden ist. Der relativ hohe Wasserverlust bedingt seinerseits eine für die Konstitution des Kranken viel zu große Zufuhr von Flüssigkeit, welch letztere — sozusagen als »verwässerndes Prinzip« — an der weiteren Schwächung der Zellen in entscheidender Weise Anteil nimmt. Die Empfindlichkeit der zentralen Organe geht so weit, daß selbst die geringste Veränderung der Höhenlage der Person einen starken Harndrang zur Folge hat — so zum Beispiel, wenn der Kranke sich unter die Erde oder einige Stockwerke hoch (beispielsweise mit dem Lift) über dieselbe, ja sogar, wenn er sich aus dem sitzenden in den stehenden Zustand begibt!

Es liegt beim Nervenschwachen eine ganzheitliche Störung vor, die es keiner Sphäre des Körpers erlaubt, vollwertig tätig zu sein. Und weil dieser Mangel letzten Endes auf einer verminderten Versorgung des Blutes mit kosmisch-geistigen Kräften beruht, diese letztere Versorgung jedoch von dem von ihr selbst maßgeblich beeinflußten, aber gleichzeitig auch durch die nach demselben antagonistischen Grundprinzip sich auswirkende Ernährung bestimmten, elementaren Gleichgewicht *aller* Zellen des Organismus abhängt, können beispielsweise rein geistige Heilungsversuche niemals von einem wirklich ganzheitlichen und endgültigen Erfolge begleitet sein. Für den an zentraler Schwäche Leidenden gibt es nur eine einzige Möglichkeit, wahrhaft gesund zu werden und das ist eine umfassende Wandlung der Persönlichkeit bis in die allerfeinsten Wesenssphären hinein, mit Hilfe von biologischen und gegebenenfalls auch geistigen, den grob- wie auch feinstofflichen Prozeß in der Ganzheit des Menschen entsprechend berücksichtigenden Systemen universal-fundierter Art.

Die Störung der Kalium-Natrium-Funktion der Hirn-Nervenzellen kann bei erheblicher Schwäche sogar bewußtseinsspaltend wirken. Das mehr aktive dieser beiden, ihrem

Wesen nach antagonistischen chemischen Elemente – das Natrium – staut sich dann an der wegen der Schlaffheit der Zelle nicht genügend durchlässigen Wand der letzteren und wird durch sein prozentual überwiegendes, mehr negatives, elementares Gegenteil schlagartig verdrängt. Hierdurch werden das ganze Wesen, der Verlauf der geistigen, wie auch der physischen Fruchtbarkeit und damit die Beziehung des Kranken zur Umwelt empfindlich gestört; die an sich schon relativ begrenzte Leistungsfähigkeit ist auf einmal in sämtlichen Sphären seines Seins herabgesetzt. Seinem Äußeren nach relativ gesund, geistert der an zentraler Schwäche Leidende als in Wirklichkeit Schwerkranker durch die Straßen der modernen Stadt. In mehr oder weniger krasser Form leiden viele an diesem Leiden der Zeit. Sie alle tasten nach der lichtvollen, wahren Gesundheit, deren Ideal nicht sterben wird, solange das Herz des Menschen schlägt.

Und was vermag die moderne Wissenschaft zugunsten dieser Sehnsucht von Millionen schwerkranker oder nur halbgesunder Gehirne zu tun?

Die Grundkräfte YIN und YANG

Die Mittel der Psychiatrie sind durchaus unzulänglich. Es dürfte kaum einen Neurastheniker geben, der aus einer Nervenklinik nachhaltig geheilt entlassen worden ist. Das kann ja auch gar nicht anders sein, weil alle jene zahllosen chemischen Kompositionen und alle jene in den Kammern der Psychiatrie befindlichen Geräte nur auf das Symptom gerichtet sind. Man weiß offenbar noch wenig von dem gewaltigen Geschehen feinstofflicher Art, welches Mensch und Makrokosmos miteinander verbunden hält!

Wir halten uns auch deshalb schon sehr lange bei jenen unzulänglichen Heilmethoden auf, weil uns ein klar umrissenes Bild von der wahren Gesundheit fehlt. Da diese beispielsweise im introvertierten Typ sich als »inneres

Licht« reflektiert und somit in ihrer Art in einem metaphysischen Sinne mehr oder weniger deutlich als Ziel und Weg zugegen sein kann, trägt die allgemeine Verflachung der Zeit nicht wenig zu jener diagnostischen Ohnmacht bei.

Aber über das spirituelle Mittel der Kontrolle hinaus gibt es noch andere, durchaus zuverlässige Systeme der Beurteilung des wahren Gesundheitszustandes. Sie fußen durchweg auf der Erkenntnis der universal gebundenen Konstitution der Zelle, in deren Tiefe ein jegliches Krankheitsbild entsteht. Die Funktions- bzw. »Strahlungstüchtigkeit« der Zelle ist ausschlaggebend für die »kosmische Bindung« des Menschen – und mit der Vertiefung derselben wächst das innere Format des Betreffenden, seine zellmorphologisch bedingte, persönliche *Urteilskraft* als unbestechlicher Ausdruck seines Gesamt-Gesundheitszustandes! (Mit der Erkenntnis des später dargelegten, praktischen Schlüssels zur Erschließung der kosmisch-fundierten Urteilskraft erhebt sich der Mensch biologisch immer mehr über jedes Krankheitsbild.) Die einzelnen Urteilskraft-Stufen sind in annähernd gleicher Weise von verschiedenen Typologien erfaßt – ihre Anzahl ist durchschnittlich sieben. Die höchste von ihnen stellt die allumfassende Liebe dar, die vollendete innere Harmonie. Sie ist das freie Selbst an sich, die allgegenwärtige Intelligenz, das feinste, unpersönliche Substrat des Individuums.

Aber auch diese letzte gesundheitliche Form kann mitunter in sich noch unvollkommen und deshalb – zumindest in einem rein biologischen Sinne – noch nicht die wahrhaftig höchste sein. Es hat mehrere Meister des Yoga gegeben, die auf der Höhe ihres Wirkens schwer erkrankten. Das konnte nur deshalb möglich sein, weil der von ihnen erlangte, höchste Bewußtseins-Zustand vom Körperlichen mehr und mehr *abstrahiert* und schließlich nicht mehr als der Ausdruck der Gesamtheit des Wesens verblieb, sondern vielmehr fast ausschließlich kosmisches Geist-Faktum an sich geworden war. Damit wurden aber gewisse universale Gesetze unbeachtet gelassen, deren Befolgung die Harmonie auch innerhalb der aus der rein geistigen (zentrifugalen) und der mehr physisch betonten, innerhalb dieses Geistigen liegenden (zentripetalen) Komponente bestehenden Ganzheit des Individuums sicherstellt. Der zentrifugale Aspekt liegt, organisch gesehen, vor allem im peripheren Bereich, während der zentripetale Aspekt im Zentrum zu suchen ist. In den erwähnten Fällen war die *Mittelhirn*-Funktion als der organisch zentral gelegene Faktor im Verhältnis zur Funktion des (peripheren) Großhirns zu schwach. Es lag im feinstofflichen Bereich zu wenig von der dynamischen Kraft, welche das »Kern-Stück« des Kopfes, das Zwischen- und Mittelhirn, der kosmischen Bindung des vollkommen Gesunden verleiht. Ein solcher vollkommen Gesunder dürfte der große Meister *Lao Tse* gewesen sein, seine Sprüche entbehren bei tiefster, durchseelter Geistigkeit auch einer gewissen, mehr »erdgebundenen«, Zweckmäßigkeit nicht.

Ist die Funktion von Groß- und Mittelhirn in gleicher Weise und damit die zentrale Ausstrahlung optimal, so wird das »innere Licht« so stark, so harmonisch-krafterfüllt — und die ganze Physiologie, wie auch das Urteilsvermögen sind so makellos gebildet, daß eine entscheidende Störung im Gleichgewicht des Blutes und der Zellen (wie sie als solche nur in Verbindung mit einer im universalen Sinne nicht richtigen Ernährungsweise eintreten kann) von vornherein ausgeschlossen ist.

Eine unfehlbare Möglichkeit der ganzheitlichen Beurteilung ist in den »Gesundheitsbedingungen« der makrobiotischen Wissenschaft von YIN und YANG gegeben, über welch letztere noch ausführlich berichtet werden wird. (Die genannte Diätetik ist nicht unbedingt gleichbedeutend mit dem Hufelandschen Begriff der »Makrobiotik« schlechthin!). Eine dieser Bedingungen, die im vorliegenden Falle vornehmlich richtungweisend war, ist die Anzahl der Harnentleerungen, die beim gesunden Manne nicht mehr als höchstens vier und bei der Frau nicht mehr als drei innerhalb von vierundzwanzig Stunden betragen soll.

Der erwähnten, auf uraltem indisch-fernöstlichem Geistesgut beruhenden Form der makrobiotischen (lebensverlängernden) Ernährungspraxis liegt die Wissenschaft von den beiden einander entgegengesetzten und sich ergänzenden Grundkräften YIN und YANG zugrunde, welch letztere auf allen Ebenen unseres Seins, also auch in unserem Blute, als die eigentlichen Lebensspender zugegen sind. Es ist das große Verdienst des heute fast siebzigjährigen, japanischen Professors Georg *Ohsawa* (Nyoiti Sakurazawa), daß er diese Kräfte YIN und YANG nach wesentlichen, biologischen, chemischen, physikalischen, ekologischen und vor allem spektroskopischen Gesichtspunkten mit Bezug auf die Krankheitsbilder wie auch auf die Naturprodukte umfassend eingeteilt hat.

Die mehr aktive Grundkraft YANG umfaßt das Prinzip der Schwere, der Zentripetalität, der Hitze und Schnelligkeit (beschleunigte Molekularbewegung) sowie die ihr zugeordneten Formen, Geschmäcke und Farben – während die mehr passive Grundkraft YIN das Prinzip des Luftigen, Leichten, der Zentrifugalität, der Kälte und Ruhe (verlangsamte Molekularbewegung) sowie der ihr zugeordneten Formen, Geschmäcke und Farben darstellt. YIN und YANG sind immer relativ, da es etwas absolut Yinniges oder absolut Yangiges nicht gibt. So sind beispielsweise die Sonne und der Sommer »yang« im Vergleich zu Mond und Winter – und der Mann ist yang gegenüber dem yinnigen (sich öffnenden), weiblichen Prinzip. Die kalten Regionen der Erde sind yin im Vergleich zu den heißen Regionen, und die im Kalten gedeihenden Naturprodukte sind mehr yang als die relativ yinnigen Früchte, die im Heißen wachsen. Buchweizen ist sehr yang, weil er in verhältnismäßig kalten Gegenden gedeiht. Auch Eiweiß ist außerordentlich yang, weil es sich unter Hitzeeinwirkung zusammenzieht (zentripetales Prinzip!).

Es ist ein Gesetz, daß jede der beiden Grundkräfte auf ihrem Höhepunkt von der ihr entgegengesetzten abgelöst wird. So werden in ewigem Wechsel zum Beispiel die heiße Jahreszeit (yang) von der kalten (yin) und das Leben (yang) vom Tode (yin) abgelöst.

Die »warmen« Farben rot, gelb, braun sind yang im Vergleich zu den laut physikalischer Messung »kühleren« Farben, wie grün, blau oder violett. Vitamine und chemische Elemente wurden spektroanalytisch klassifiziert. Danach gehören zur Gruppe YIN zum Beispiel die Vitamine: C, B_1, B_2, B_6, B_{12}, während die Vitamine D_3, K_3, A und E zur Gruppe YANG gehören. Alles natürlich Salzige und natürlich Bittere ist YANG im Vergleich zum Süßen und Sauren. So übt zum Beispiel der Zucker – ein unnatürliches Konzentrat des Süßen – im Endeffekt, sofern nicht für ein entsprechendes, starkes Gegengewicht in Form von Yang gesorgt ist, einen auflösenden (YIN)-Effekt auf die Körperzelle aus – (wer an dieser Tatsache Zweifel hegt, braucht sich nur zwei kleine Schnittwunden beizubringen und in die eine von ihnen Puderzucker und in die andere Meersalz hineinzutun). Das im Zucker enthaltene Kalium wie auch die aus dem Raffinationsprozeß verbliebene Schwefelsäure, sind außerordentlich YIN. Im Körper verwandelt sich der Zucker in Wasser (verdunstendes, zentrifugales Prinzip = YIN) und in Kohlensäure (YIN) – und er wird insbesondere von den Nervenzellen des Gehirns sehr gierig resorbiert. Aus der Erkenntnis dieser im Endeffekt schwächenden Wirkung des übermäßig Süßen stammt das Christuswort: »Ihr sollt das Salz der Erde sein!«

Das *Salz des Meeres* ist die eigentliche zellbelebende Substanz – Meerwasser ist stets rein und gebärender Schoß alles Lebens, während das Süßwasser durch Mikroben in seiner Kraft geschwächt und also bald verdorben wird.

Alles Periphere ist YIN im Vergleich zu dem, was im Zentrum, oder dessen Wachstumstendenz nach dem Inneren der Erde zu gerichtet ist – (zum Beispiel die senkrecht nach unten vorstoßende Wurzelspitze). Das Herz und die Nerven sind als kompakte Organe yang, während Magen und Darm zu den yinnigen Organen des Körpers zählen – (in der chinesischen Akupunktur, welch letzterer noch die ältere, metaphysische Unterteilung zugrunde liegt, ist diese Klassifizierung gerade umgekehrt). So ist auch das Großhirn weniger »yang« als das Mittelhirn. Das Mittelhirn könnte man mit dem »Herz« eines Kopfsalates vergleichen.

Die Nervenschwäche als solche ist ektoblastischen, das heißt vom äußeren Keimblatt herrührenden Ursprungs und somit »yin«. Ihre Heilung erfordert in den meisten Fällen eine strenge YANG-Diät. (Es gibt auch Krankheiten, die durch übermäßige Yangigkeit hervorgerufen sind. Die im Inneren der Zelle befindliche, vorwiegend kalium (yin)-haltige Flüssigkeit ist in ihrer chemischen Zusammensetzung fast konstant. Von ihrem Prozentsatz, der nur durch eine YANG-Diät oder aber durch Medikamente effektiv verringert werden kann – gegenüber dem in den Lymph- und Blutbahnen zwischen, teils noch in den Zellen befindlichen, in seiner Zusammensetzung weniger gleichbleibenden YANG (chemisch repräsentiert vor allem durch das Natrium) hängt die Gesundheit der Zelle und damit der Zustand des gesamten Menschen ab.

Das ideale Verhältnis zwischen den beiden universalen Grundkräften, unter denen sich als mächtigstes YANG die *Sonnen-Energie* und als feinstoffliches YIN die Mond-Energie befinden, beträgt nach *Ohsawa* fünf (YIN) zu eins (YANG). Ist der Anteil des Kaliums zu hoch, so ist der Betreffende zu sehr »yin« – das heißt, er befindet sich bereits in einem Zustand der Schwäche und ist für Yin-Krankheiten in erhöhtem Maße anfällig. Der Geschulte kann den Grad der Yinnigkeit resp. Yangigkeit eines Menschen mit einem Blick erfassen. Bei jeder Tätigkeit tritt die kaliumhaltige Flüssigkeit aus dem Inneren der Zelle durch deren eigens durchlässiger werdende Wand hindurch, während die yangigen Werte in das Zell-Innere dringen. Nach Beendigung der Tätigkeit treten die Elemente an ihren Ausgangspunkt zurück. Während der yinnige Kranke ruhig, leicht fröstelnd, unlustig, im allgemeinen auch relativ blutarm usw. ist, sind die yangigen Kranken laut, meist rücksichtslos, mithin in disharmonischer Weise vital. Die vorliegende Betrachtung bezieht sich jedoch ausschließlich auf den weitaus zahlreicher vertretenen YIN-Erkrankten, auf den eigentlichen »Schwachen«.

Die hauptsächliche Schwierigkeit bei der Anwendung der YANG-Diät lag in dem Umstand begründet, daß der Kranke zunächst beim besten Willen nicht über die innere Kraft zur konsequenten Befolgung der Diät verfügen konnte. Die unregelmäßige Kalium-Natrium-Funktion der Hirn-Nervenzellen bewirkt schon relativ kurze Zeit nach Erhöhung des YANG-Potentials im Blut und einer entsprechenden Stauung des YANG an der Wand der Zelle, sowie einer damit verbundenen, oft in einer Art »Verkrampfung« endigenden Erhöhung der Wesenskraft, einen plötzlichen Umschwung in das geistig sowie körperlich negative, sterile, haltlose Prinzip. Dieser Wandlung liegt die eigentliche Ursache des Leidens, nämlich ein im Verhältnis zum YANG-Potential zu hoher, auf einmal von diesem nicht mehr zurückgedrängter Yin-Gehalt (chemisch repräsentiert vor allem durch das Kalium) in der Zelle zugrunde. Der Kranke fällt somit in das krasse Yin zurück, das soll heißen, die zentrale Schwäche veranlaßt ihn zu erneutem Genuß von yinnigen Speisen und Getränken, wie beispielsweise Speiseeis (Flüssigkeit = YIN, Kälteprinzip = YIN, zuckersüßes Prinzip = YIN, die meisten Früchte = YIN), Limonaden und Süßigkeiten, oder zwingt ihn zum Entzug des Yang durch den Geschlechtsverkehr. Es dürfte wohl auf diesen Umstand zurückzuführen sein, wonach nämlich die vollständige Gesundung durch die YANG-Diät ein bestimmtes Mindestmaß an Willenskraft zur Voraussetzung hat, daß Professor *Ohsawa* in seinem Werk »Das Wunder der Diät«

tik«* im Falle gewisser Erkrankungen des Gehirns die Gesundung im höchsten Sinne nicht in Aussicht stellt, während eine solche in fast allen anderen Fällen durch die »yinyangologische« Praxis von jedem, der guten Willens ist, in verblüffender Weise ausschließlich durch im universalem Sinne geregelte Ernährung realisiert werden kann.

Die einige Monate so genau wie nur irgend möglich durchgeführte Diät bewirkte zwar eine weitgehende Ausgleichung der psychischen Situation, aber der effektive, organische Heilvorgang und damit die Erhöhung des ganzheitlichen Leistungsniveaus blieb trotz aufrichtig auf das innere Licht gerichteter Haltung des Kranken im besten Falle außerordentlich minimal.

Unterwegs zum beständigen »Kreislauf des Lichts«

Mit der Harmonisierung der Psyche, dem Ausgleich der seelischen Schwankungen teils schizoiden Charakters, weitete sich auch das »transzendentale Licht«, welches im Tiefpunkt der Erkrankung nur noch so fein wie ein Faden gewesen war, in beglückender Weise aus. Beglückend nicht zuletzt deshalb, weil nach langen Jahren des Auf und Ab der verschiedenen Mittel und Kuren sich im spirituellen Bereich zum ersten Male eine klare Linie der Heilung abzuzeichnen begann. (Früher hatte ich ja von »Yin« und »Yang« noch keine Ahnung gehabt, doch ich war auch damals schon zum Teil – immer messend an dem dürftigen, noch verbliebenen »inneren Schein« – wie ich heute weiß, dem letzten Rest meines universal-fundierten, freien Urteilsvermögens – auf Yang-Substanzen gestoßen, das heißt

* Die wichtigsten Werke von Professor *Ohsawa* können bezogen werden durch »Internationales Institut für fernöstlich-indische Medizin und Philosophie«, Heidelberg (Deutschland), Hainsbachweg 5-8.
Besonders zu empfehlen sind die erweiterten, englischen Ausgaben: »The philosophy of oriental medicine« und »ZEN-macrobiotics«, beide erhältlich durch OHSAWA FOUNDATION, 331 Riverside Drive, New York City, N. Y., U. S. A.

also auf solche Substanzen, die sich auch über längere Zeit hinweg auf den Zustand meines Wesens positiv auswirkten. Eine Unmenge allopathischer und biologischer Mittel hatte ich im Laufe der Jahre ausprobiert – sie waren teils yin, teils yang. Daß ich jeden Tag mit der Nahrung massenhaft YIN zu mir nahm, konnte ich damals nicht ahnen, denn der YIN-Effekt muß nicht immer ein unmittelbarer sein. So hatte ich unter anderem ahnungslos Tag für Tag konzentriertes Zitronenwasser [YIN] mit reichlich Zucker [YIN] während längerer Zeit getrunken. Auch auf den Gedanken, daß der Genuß aller jener, meinem Gesundheitszustand im Endeffekt abträglichen, weil die Yinnigkeit der Zelle erhöhenden Dinge im Grunde genommen nur der Ausdruck einer egoistischen, gegen die universale Harmonie verstoßenden Genuß-Sucht war, kam ich damals natürlich nicht.)

Von den relativ wenigen Mitteln, welche im Anfang schon eine, wenn auch angesichts der großen Schwäche der Zellen jeweils nur vorübergehende »Auflichtung«, das heißt eine bessere Funktion und »Strahlung« der Zellen bewirkten, seien hier nur die mir am wichtigsten erscheinenden genannt: es waren dies der Lebertran (Vitamin A sowie D = YANG), Zwischenhirn-Trockenzellen nach Professor *Niehans* (yangige Substitutionstherapie) und der reine, unverfälschte Bienenkönigin-Futtersaft (YANG)*. Schon seinerzeit hatte ich angesichts des sehr typischen wesentlichen Effekts dieses letztgenannten Vitalstoffes eine ganz bestimmte Vermutung gehegt und ich möchte nicht unterlassen, dieselbe heute, mehrere Jahre später, hiermit öffentlich kundzutun. Meine persönliche Meinung ist, daß jener geheimnisvolle, noch unbekannte Faktor, den der Bienenkönigin-Futtersaft neben den laut Analyse bekannten Stoffen enthält, nichts anderes sein kann, als auf eine wunderbare, uns bisher noch nicht bekannte Weise gebun-

* Marke APISERUM

dene *Sonnen-Energie.* Ich hatte reichlich Gelegenheit, vergleichende Versuche mit der letzteren anzustellen, worüber in einem der folgenden Kapitel noch berichtet wird.

Die makrobiotische Ernährungspraxis nach Yin und Yang verwendet einige äußerst yangige Diätetika und es waren vor allem diese letzteren, die – in relativ großen Mengen genossen – mir immer wieder eine »Auflichtung« vermittelten. Vor allem handelte es sich hierbei um sehr lezithin- resp. eiweißhaltige, rein pflanzliche Produkte. Der wahrhaft gesunde Mensch aber braucht von jenen wertvollen Dingen nur minimale Mengen pro Tag – ja, er kommt überhaupt mit einem Bruchteil der Nahrungsmenge aus, die man im Durchschnitt benötigt. Das ohne jede Berücksichtigung der universalen Gesetze mit flüssiger Nahrung meist erheblich yinniger Art angefüllte Blut des sogenannten »modernen« Menschen verhält sich zu dem relativ salzigen Blut des wirklich Gesunden etwa so wie das von Mikroben verseuchte Süßwasser zu dem Wasser des Meeres.

Damals kam ich mit meiner Selbst-Therapie einfach nicht mehr weiter. Ich bewirkte nur jeweils die »Auflichtung«, gelangte aber trotz bestem Willen zu keinem effektiven Heilergebnis. Als Sehnsucht verblieb mir das »Große Licht«, die nach allen Seiten hin unbegrenzte Gesundheitsform ... Was konnte ich für meinen Zustand damals Besseres tun, als in jener Wartezeit mir geeignet erscheinende Zusatzmaßnahmen ganz genau unter die Lupe zu nehmen! So erfuhr ich den willensstärkenden (weil nämlich infolge systematischer Aktivierung der sogenannten »Chakras« oder Bewußtseinszentren die kosmisch-feinstoffliche Aus- bzw. Einstrahlung über die Zellen erhöhenden) Effekt der Körper-Yoga-Übungen, deren Durchführung auf die Dauer angesichts des noch viel zu schwachen Zustandes meiner Zellen beim besten Willen nicht möglich war – und ich fand unter anderem auch die grundsätzliche Richtigkeit der

These der Akupunktur bestätigt – welch letztere sich übrigens nur in Verbindung mit der YIN-YANG-Diät nachhaltig wirksam verwenden läßt, weil durch sie eine Anregung des feinstofflichen YIN bzw. YANG erfolgt. Aber alles, was ich versuchte, löste sich im Endeffekt in der allzugroßen Schwäche meiner Hirn-Nervenzellen auf.

Eine Zeitlang setzte ich mich täglich aufrecht auf die Kante eines Stuhles, beugte den Oberkörper zwischen die Schenkel und verharrte zwanzig Sekunden lang so mit fast senkrecht nach unten hängendem Kopf, um dann ruckartig in die Ausgangsposition zu schnellen, in der ich wiederum zwanzig Sekunden reglos verblieb. Auch diese Maßnahme, etwa fünfzehnmal hintereinander mehrere Male pro Tag wiederholt, brachte einen beachtlichen Aufschwung in die Situation hinein, aber einen effektiven Fortschritt brachte sie nicht. All das war zutiefst entmutigend und mehr als einmal war ich daran, mir »das Leben zu nehmen« – das aber kann nur der Yangige, denn ein Selbstmord erfordert allerhand Mut, der Yinnige ist in den meisten Fällen viel zu schwach dazu.

Nie wäre ich meinen Weg bis zum Ziele gegangen, wenn mir die geistige Yoga-Praxis nicht immer wieder die in einem universalen Sinne zweckentsprechende Richtung gewiesen hätte. Heute weiß ich, daß die Hinwendung zu jenem »inneren Licht« mit Yoga und ähnlichen Dingen im Grunde genommen nur von dem, der, rein biologisch gesehen, noch nicht ganz abgerundet ist, in Verbindung gebracht zu werden braucht. Yoga ist sozusagen eine universale *Medizin* – im völlig gesunden Menschen, dem ursprünglichen Ebenbild Gottes, *ist* jenes unvergängliche Licht allezeit frei zugegen, so daß man nur »hinzuschauen« braucht, um es innerhalb sowie außerhalb des eigenen Körpers zu sehen. Es bedarf dann lediglich eines blitzartigen Impulses, eines bewußtseinsmäßigen Versenkens des Relativen, um das reine, lichtvolle Wesen, der *eigentliche*

Mensch – das unpersönliche, uns allen gemeinsame universale Subjekt in voller Bewußtheit zu *sein.* Das ist das ohne Einschränkung befreite Urteilsvermögen, des Menschen wahrhaftige Natur, deren »Substanz« eine unaussprechliche Seligkeit, anfang- und endloses Sein sowie gleichzeitig der Urgrund alles »äußeren« Wissens ist.

». . . Der heilige Mensch ist nicht krank,
weil ihn seine Krankheit kränkt.
Daher ist er nicht krank.« *(LXXI, Tao te King)*

Victor von *Strauss* kommentiert die vorstehenden Worte des Meisters *Lao Tse* wie folgt:

»Auch bei dem heiligen Menschen besteht die geistige Gesundheit in dem stetigen Überwinden und Beherrschen der Krankheit, und immer wird das schmerzliche, kränkende Gefühl in ihm bleiben, daß diese noch nicht überwunden ist. Insofern er dies aber fühlt und erkennt, ist auch seine Krankheit – in dem bekannten Hegelschen Doppelsinn – aufgehoben: der heilige Mensch als solcher ist nicht krank, und seine jetzt nur noch im relativen Sinn vorhandene, weil stetig verneinte Krankheit ist keine Krankheit zu nennen in dem Sinn, in welchem sie es bei dem ist, der sich dem Erkennen überhaupt abwendet.«

Hierzu ist von unserer Ebene der Betrachtung aus erneut zu betonen, daß das spirituelle Sich-Erheben – in seiner allerfeinsten Form als »Sehnsucht« stets zugegen – und das sich im Verfolg der Entfaltung ergebende, immer stärkere Erkennen der Relativität der Krankheit (und des Lebens in Gegensätzen schlechthin) und zwar selbst eines wesentlichen Leidens, eines Leidens, wie es fälschlicherweise oft als »Geistes-Krankheit« bezeichnet wird, in einer progressiven Form sich eben nur dann ergeben kann, wenn die feinstofflich-kosmische Bindung der Zellen und damit die persönliche Willenskraft besser geworden sind. Die Intensität dieser Bindung aber hängt, wie schon angedeutet, nicht allein von einer lichtwärts gerichteten geistigen Grundhaltung (Sehnsucht), sondern auch, und zwar vor allem, von einem im universalen Sinne richtigen, elementaren Gleichgewicht im Menschen ab.

Unsere wahre Natur kann nur auf der Basis der Harmonie der Kräfte Yin und Yang in unserem Blute und in unseren Zellen allmählich wieder freigelegt werden. Die Beobachtungen führten schließlich zur Überlegung, daß die Stauung des YANG-Potentials an der erschlafften Zelle vermutlich nur durch deren mangelhafte Durchlässigkeit entsteht, welch letztere sich vielleicht durch irgendein natürliches, zusätzliches Mittel beheben lassen würde. Aber die Zellwand-Erweiterung (zentrifugales Prinzip) konnte doch nur ein YIN-Vorgang sein! Ebenfalls sagte ich mir, daß sowohl der zentral gesteuerte Stoffwechsel als auch der Kreislauf eine Stütze gut gebrauchen könnten – und zwar eine solche, die, auf die Dauer verwendet, keinen Schaden anrichten konnte und meine Willenskraft auf einem Niveau halten würde, das für eine konsequente Befolgung der YANG-Diät ausreichend war. Das schien mir theoretisch alles durchaus richtig zu sein, wie aber sollte ich jene, auch auf lange Sicht nicht nachteilig und immer in gleicher Weise wirksame therapeutische Stütze ausfindig machen? Es gab nur einen einzigen Weg: die Kontrolle im Transzendentalen! Jene »Stütze« würde nur eine optimal »auflichtende« Wirkung in der Wesens-Sphäre auslösen können, andernfalls *konnte* sie eben nicht das Gesuchte sein. Ich hatte mich anhand der Werke von Professor *Ohsawa* über die Yinnigkeit resp. Yangigkeit der chemischen Elemente und Vitamine informiert und ich wußte aus Büchern über Magie, daß in den sogenannten »Fluid-Kondensatoren« (das sind flüssige Kompositionen aus pflanzlichen Dekokten, teils mit menschlichem Sperma und Blut) die die persönliche Strahlungsintensität des Magiers erhöhen, durchweg auch *Gold* enthalten war – und es war mir von der Schulzeit her ebenfalls bekannt, daß das Gold die Bindung des Menschen an die Energie der Sonne erhöht. Die moderne Wissenschaft verwendet das Gold unter anderem als kreislaufstärkendes Mittel, aber es sei bereits an dieser Stelle gesagt, daß es sich in Wirklichkeit so verhält, wie es mein Schullehrer seinerzeit mit schlichten Worten ausgedrückt hat – denn die in den Körper vom Kosmos her vorstoßenden Schwingungen der Sonnen-Energie regen in der Tat die *eigene atomare Strahlungsintensität* des yangigen Goldes an, welches eben aus diesem Grunde als Heilfaktor so wirksam ist!

Ebenso wie das *Aurum* als Stütze für den »Kreislauf des Lichts« (ich wählte *Aurum metallicum*, weil das *Aurum muriaticum* als säurehaltiges Element einen YIN-Aspekt aufweist) – fand ich auch ein ideales chemisches Element für die Stoffwechsel-Auflichtung, und zwar das *Lithium* (YANG), welch letzteres sich besonders als Lithium carbonicum mit dem Aurum metallicum harmonisch kombinieren läßt. Die Verwendung dieser beiden chemischen Elemente in homöopathischer Darreichungsform in einer jeweils möglichst niedrigen Potenz zusätzlich zu der makrobiotischen YIN-YANG-Diät – erwies sich als außerordentlich vorteilhaft und es wurde mir seinerzeit schon klar, daß ich mich, zumindest im Falle meiner Art der Erkrankung, auf dem absolut richtigen Wege befand.

Ich setzte nun die Versuche fort mit den yinnigen Elementen, um eine geeignete Substanz zur Erhöhung der Durchlässigkeit der Zellwand zu ermitteln und stieß hierbei auf das chemische Element *Silicium*. Dieses letztere Element erhöht die Zellwand Durchlässigkeit, aber allein verwendet, wirkte es sich zu »yinnig«, zu »ausweitend«, eine störende »Leere« in der geistigen Sphäre heraufbeschwörend aus, wenn es nicht in verschwindend kleinen Mengen genommen wurde. Ich begann daher, die gesamte Dreier-Kombination, in der ja die YANG-Komponente in doppelter Stärke vertreten war, an mir auszuprobieren. Und hierbei ergab sich nach kurzer Anwendung schon ein außergewöhnlich vorteilhafter Effekt.

Das Problem der geistigen Yangigkeit

Die Diät bestand gemäß Vorschrift zu etwa achtzig Prozent aus Vollgetreide und im übrigen aus yangigem Gemüse, wie Lauch, Petersilie, Wurzeln und gewissen Blattgemüsen. Das Getreide wurde unter Druck – einem yangisierenden, weil zentripetalen – Verfahren so trocken wie möglich gekocht, das heißt mindestens so lange, bis im Topf kein Wasser mehr verblieb. Das Gemüse wurde ebenfalls nach Vorschrift »yangisiert« – und zwar durch Bräunen in Sesam-Öl oder durch Dämpfen unter Druck – (Sesam-Öl ergibt, in eine Pipette genommen, im Verhältnis zu anderen Pflanzen-Ölen gleicher Menge die geringste Tropfenzahl, es ist am »zentripetalsten«, das heißt am »yangigsten«). Die verwendeten Naturprodukte – bis auf die Spezial-Diätetika – müssen möglichst einheimisch sein. Für Deutschland empfiehlt sich zum Reisgericht daher norditalienischer Vollreis in Verbindung mit deutschem Getreide. Als Würze wurden Voll-Meersalz und die aus Soja gewonnene, maggiähnliche Shoyu-Sauce sowie *Miso* verwandt. Miso ist eine hochproteinhaltige, heute noch von mehr als siebenhundert Millionen Ostasiaten genossene, in jahrelanger Reifung gewonnene, dunkle Paste, die aus Soja und bestimmten anderen Hülsenfrüchten besteht und das tierische Fleisch vollkommen zu ersetzen geeignet ist. Weitere grundlegend wichtige Diätetika sind das äußerst lezithinhaltige *Tahin*, ein Mus aus Sesamkernen, sowie *Goma-Sio*, eine extrem yangige Mischung aus geröstetem Meer-Salz (Röstung = Yang-Prozeß!) und ebenfalls gerösteten, zerstoßenen Sesam-Kernen in einem ganz bestimmten prozentualen Verhältnis. Das Goma-Sio wird auf jedes Hauptgericht, also auf das (in idealer Weise yangiges Blut erzeugende) Vollgetreide gestreut.

Wie bereits erwähnt, ergab sich als Folge der Yangisierung des Blutes jeweils schon verhältnismäßig kurze Zeit nach dem letzten YANG-Entzug (Geschlechtsverkehr) die Notwendigkeit einer zentralen Entlastung, denn wenn die Funktion der sehr schwachen Nervenzelle des Gehirns erst einmal in den sterilen, absolut yinnigen Status »umgeschlagen« ist, so bleibt jede Yangisierung ohne spürbaren positiven Effekt. Es hilft in diesem Falle keinerlei Zufuhr von außen, sondern einzig und allein der Entzug der geschlechtshormonalen Kraft. Diese Tatsache scheint mir ganz besonders für die Psychiatrie von grundlegender Bedeutung zu sein. Unmittelbar vor dem Coitus ergab sich im allgemeinen auch ein haltloser Rückfall in das YIN mit Bezug auf die Nahrungszufuhr.

Die Verwendung der homöopathischen Dreier-Kombination bewirkte eine überraschend einwandfreie Auflichtung des Wesens, es stand ohne Zweifel fest, daß in meinem Falle hiermit das ideale, die Funktion und somit auch die »Strahlung« der Zellen in harmonischer Weise substituierende Verfahren gefunden worden war. Ich verwendete die genannten Homöopatica unmittelbar vor dem Essen in einer möglichst niedrigen Potenz und stellte danach eine ganz enorme Erhöhung der Willenskraft fest. Die Durchführung der YANG-Diät war zum ersten Male in äußerst rigoroser Form damit möglich geworden. Hierzu gehörte vor allem auch die Beschränkung der Flüssigkeitszufuhr, ein besonders schwieriger Faktor angesichts der Schwäche des Zwischenhirns.

Nach mehrmonatiger Anwendung der homöopathischen Kombination in Verbindung mit der YANG-Diät fand ich die Richtigkeit meiner Annahme bestätigt, und zwar insofern, als das durch die Elemente gehobene Willens- und damit allgemeine Leistungsniveau tatsächlich auch *nach Weglassung* der Homöopatica verblieb! Dieses Tatsache bedeutete, daß die yangige Kraft des Blutes sich jetzt erstmalig auf den Zellkern effektiv auszuwirken begann. Mit dem erwähnten Verfahren waren sowohl die wesentliche, als auch die intellektuelle und die körperliche Kraft erheblich angewachsen, sogar die zwischenhirnbedingte Anzahl der Harn-Entleerungen war fast bis zur gesunden Norm reduziert. Ebenso war der Schlaf demzufolge bedeutend besser. Ich war damals der festen Überzeugung, endgültig und im weitesten Sinne gesund zu sein und ich habe meinen Weg bis zu jenem nach Jahren des Leidens beglückenden Erfolg an anderer Stelle auch entsprechend wiedergegeben. Heute aber bitte ich meine Freunde um Verzeihung, denn ich war zu jener Zeit zwar praktisch frei von allen krankhaften Symptomen und auch recht leistungsfähig, was aber wußte ich damals schon von der erhebenden, in sich ebenso ausgewogenen, wie an sich sehr »yangigen«, ganzheitlichen Gesundheitsform, wie ich sie *heute* besitze? Ich konnte damals nicht ahnen, daß noch weitere, entscheidende Enthüllungen vor mir lagen!

Der Weg bis zum biologischen Idealzustand war noch ebenso lang wie von außerordentlich interessanten Entdekkungen erfüllt. Die Homöopatica mußten schließlich abgesetzt werden, weil sich chronisches Magenweh ergab, ein zentralbedingtes Symptom, das nicht weiter gefährlich sein konnte, da es sich bei der Therapie zum überwiegenden Teil um YANG-Elemente handelte. Die Anzahl der Harn-Entleerungen hatte sich letzten Endes als doch noch zu hoch erwiesen und der Schlaf entsprach noch nicht ganz den »Gesundheitsbedingungen« — das heißt, er blieb auf die Dauer nicht absolut ruhig und tief genug — und schließlich befanden sich auch im Gesamtbild des Wesens noch einige, nicht gänzlich geklärte Faktoren, die darauf hindeuteten, daß es noch mehr zu erforschen galt. Ebenso traten nach einiger Zeit in regelmäßigen Abständen wieder Rückfälle in das YIN, vor allem im Hinblick auf kalte und flüssige Genußmittel, ein. Noch ahnte ich nicht, daß das als Ausdruck der höchsten Gesundheitsform sich ergebende, ideale Flüssigkeitsquantum durchschnittlich bei *einem Glas voll* täglich lag! Ich nahm damals, wenn auch in mehr oder weniger sämiger, durch Pfeilwurzelmehl eingedickter und mit Sesam-Mus (Tahin) und Löwenzahnwurzelkaffee außerordentlich yangisierter Form, immerhin noch mindestens einen ganzen Liter Flüssigkeit, ein als solches erheblich yinnisierendes Tagesquantum – zu mir!

Rückblickend muß ich sagen, daß sich aller bis dahin erlangter Erfolg vor allem auf die Sphäre der (yinnigen) Großhirn-Strahlung bezog. Die intellektuelle und vor allem die eigenschöpferische Fähigkeit war schon bedeutend angewachsen, aber die zwischenhirnbedingten vegetativen Funktionen waren noch zu schwach. Auch das Erfordernis des sexuellen YANG-Entzugs blieb als eine physiologische Notwendigkeit bestehen, die Sinne waren der Willenskraft noch immer nicht endgültig unterstellt. Die zentrale »Strahlung« reichte mit anderen Worten also im Endeffekt doch noch nicht zu einer unbegrenzten Herrschaft über den Körper aus, um vor mir selbst den Beweis zu erbringen, daß ich fähig war, die niederen Funktionen ohne jegliche Schädigung meiner Ganzheit nach Belieben aus dem Spiele zu lassen.

Im Geistigen waren das rein Metaphysische und das Lyrische zu einseitig betont, das heißt, die Spiritualisierung war in sich selbst zu »yin« (zentrifugales Prinzip). Dementsprechend behielt ich auch die Praxis des Yoga bei, ein Umstand, welcher als solcher schon dafür zu sprechen schien, daß das Endziel der ganzheitlichen, endgültigen Yangisierung noch nicht erreicht worden war. Das alles deutete, wie ich heute sehe, auf eine noch immer nicht gänzlich behobene funktionelle Schwäche des *Mittelhirns*, des »Kern-Stückes« des Kopfes hin, welch letzteres in der »Bindung« des Menschen an den Kosmos eine bedeutende Rolle spielt. Ich war damals in überwiegendem Maße »vergeistigt«, alle meine biologischen Fortschritte erwiesen sich als auf der *Großhirn-Strahlung* zu einseitig betont. Die nachhaltig *yangige* Dynamik im Fluß der geistigen Produktivität fehlte noch. Immerhin, für den Betrachter, auch für den streng untersuchenden Arzt, war ich kerngesund. Aber es war mir nicht möglich, mich vor mir selbst mit diesem Ergebnis zufrieden zu geben – ahnte ich doch, daß noch Entscheidendes zu finden war!

Die bisherigen therapeutischen Maßnahmen waren nicht ganz ohne scheinbar negative Begleitsymptome verlaufen. So hatten sich zum Beispiel tagelang ein zentralbedingter Schnupfen oder Heiserkeit ergeben sowie bei Beginn der Verwendung der chemischen Elemente sogar ein leichtes Schwindelgefühl und eine mehr oder weniger intensive, vom Herzen her kommende Übelkeit. Auch war die Anzahl der Harn-Entleerungen, vor allem dann, wenn die Zellen infolge zu starker YANG-Zufuhr überlastet worden waren, immer noch zu hoch. – Derartige Symptome sind aber ganz verständlich, jeder wahre Umbruch bringt Krisen mit sich. Die infolge der Erhöhung des YANG-Potentials im Blut zunächst überlastete Zelle kann keinesfalls sofort nur positiv reagieren. Man lasse sich von solchen, nur scheinbar negativen Erscheinungen nicht entmutigen und fahre unbedingt mit der konsequenten Yangisierung seines Blutes fort. Wenn Sie das Gesetz von YIN und YANG ernährungsmäßig in jeder Einzelheit beachten, so werden Sie langsam aber sicher immer gesünder, wachsen immer höher über Ihre Ganzheit hinaus. Die Entscheidung über den Grad Ihrer Evolution hängt letzten Endes ausschließlich vom Fundus der Ihnen zur Verfügung stehenden *Urteilskraft* ab!

Zu der homöopathischen Kombination sei an dieser Stelle noch gesagt, daß sie natürlich nur bei einem mangelhaften Zellzustand auflichtend wirksam und daß sie im übrigen hinsichtlich der Potenz und Dosierung auf jeden Fall individuell genau zu ermitteln ist. Man beginnt mit dem »Abtasten« jedoch am zweckmäßigsten mit einer möglichst niedrigen Potenz. (Das Magenweh war übrigens durch das Lithium infolge zu betonter Stoffwechselfunktion hervorgerufen worden.)

Meine allgemeine biologische Situation ließ mich damals als »esoterischen Praktiker« weitermachen. Ich legte dabei in mich die Note des Mysteriösen hinein und wünschte mir (ach, wie sehnlich – und ach, wie sonderbar!), daß das *Dämonische* in mir doch stärker hervorkommen möge! Heute weiß ich, daß all jene Sehnsucht nichts anderes war, als das Verlangen nach erhöhtem YANG, jener kraftvollen zerebralen Komponente, welche aus dem Zentrum des Kopfes, dem *Mittelhirn* des Menschen, nach oben kommt! Ich sehnte mich ganz besonders nach der großen inneren Kraft eines Edgar Allan *Poe*, der – wenngleich er selbst nie ganz gesund gewesen – jene vigoröse Dynamik aufzubringen fähig war, welche seinen Werken den starken Reiz des unvergänglich Geheimnisvollen verliehen hat.

Ich war damals bezüglich meiner persönlichen Entwicklung bei einem Zustand angelangt, in dem es mir ratsam erschien, ganz einfach *abzuwarten*. Solche ebenso seltenen, wie von der absoluten Gewißheit ihrer Richtigkeit begleiteten Phasen der Erwartung waren stets das Vorspiel zu irgendeiner wichtigen Wendung gewesen. Demjenigen, der den Weg des Lichtes zu beschreiten hat, wird die entscheidende Richtung auf immer geheimnisvollere Weise geoffenbart.

SONNENENERGIE UND ZELLFUNKTION

In jenen Tagen des Wartens begann ich mit der Niederschrift einiger Exposés und ich sammelte hierbei weitere Erfahrung mit Bezug auf die Grundkräfte YIN und YANG. Es ergab sich nämlich einwandfrei, daß regelmäßig nach erhöhter Flüssigkeitszufuhr (YIN) vor allem in der intuitiven und inspiratorischen Sphäre ein beachtlicher Auftrieb zu verzeichnen war. Das ist ja auch ganz verständlich, denn die Region des Geistes, der unbegrenzten Ausdehnung, ist YIN – und je näher der schöpferisch Tätige dem Unendlichen kommt, desto größer wird die Chance für die Offenbarung einer höheren Intelligenz in ihm. So ist es auch gar nicht verwunderlich, daß viele große Dichter ihr Blut vor ihrem entscheidenden Schaffen *yinnisierten. (Balzac* zum Beispiel trank pro Abend bis zu zwanzig [!] Tassen starken Bohnenkaffee [außerordentlich YIN], *Schiller* aß faulige Äpfel [ebenfalls YIN] – und Edgar Allan *Poe* hatte seine Inspiration nur unter dem Einfluß größerer Mengen von Alkohol [YIN]). Eine solche übermäßige Yinnisierung des Blutes ist aber nur bei einer außergewöhnlich yangigen Konstitution gerechtfertigt, in allen anderen Fällen bringt eine derartige betonte Yinnisierung, sofern sie kontinuierlich ist, früher oder später mit großer Wahrscheinlichkeit einen Niedergang der Gesundheit mit sich.

In der Tiefe eines jeden Individuums liegt das Ursprüngliche als gewaltige eigenschöpferische Kraftreserve verborgen. Der im höchsten Sinne noch nicht Erstarkte kann nichts Besseres tun, als sich durch einige Monate intensiver Yangisierung erst gänzlich gesund zu machen, denn die höchste Gesundheit stellt das Glück des Lebens selber dar und nur aus dieser Fülle heraus kann man frei und grenzenlos wirksam sein.

Mit der Herstellung des idealen, elementaren Gleichgewichts der Kräfte YIN und YANG in den Zellen nimmt die »Ausstrahlung«, das heißt die persönliche Wesenskraft, in deutlich erkennbarem Maße zu. Das männliche Wesen wird in seiner ganzen Fülle »yang« – und das Weibliche, sich Öffnende, wird in seiner gesamten, wunderbaren Milde »yin«. So entfaltet, stehen sich zwei biologisch kerngesunde, reine Menschen gegenüber, die eine göttliche Macht wie Magnet und Eisen zusammenführt. Dann hebt sich die Liebe aus ihrer niederen Knechtschaft weit über die Grenzen der Sinne empor, ohne deswegen zu »vergeistigt« zu sein. Körper, Seele und Geist verschmelzen zu einer erhabenen, wesentlichen Kraft in jedem der beiden Geschlechter – und als Antagonisten YIN und YANG erleben dieselben so das vollkommene, göttliche Wechselspiel, welches alles irdische Sein erfüllt.

Meine Pause in der systematischen Wesens-Auflichtung währte tatsächlich nur kurze Zeit. Ich habe schon oft den Eindruck gehabt, als ob alle sichtbaren und unsichtbaren Kräfte auf geheimnisvolle, aber äußerst präzise Weise daran beteiligt sind, den einzelnen zu jener »zentralen Wahrheit allen Seins«, seiner ursprünglichen, kosmisch-gebundenen Natur, wieder zurückzuführen. Ein Zufall führte mich nach Süd-Amerika. Ich erlebte also eine Versetzung aus dem relativ yinnigen Mitteleuropa in das außerordentlich yangige (subtropisch heiße) Brasilien.

In jener Glut kam die yangige Sonnenenergie mit ungeheurer Wucht in das Blut. Zu ihrer Dämpfung standen denn auch die verlockendsten (yinnigen) Dinge bereit – vorzügliche Eiscrèmes und erfrischende Getränke, vor allem die vitaminstrotzenden Südfruchtsäfte, grellbunte Süßigkeiten aus Zucker (und auch anderer Art ...). Das YIN erwartete mich mit ausgebreiteten Armen ... In der Tat war mein guter makrobiotischer Vorsatz schon in Kürze zusammengebrochen und ich stürzte mich zunächst mit nur mühsam verhaltenem Appetit mitten in jene Sachen hinein ... Auch das hat etwas Gutes für sich, wenn man wirklich nicht mehr anders kann, dann soll man die *Krankheit leben* – bis zum *Überdruß!* Denn die Läuterung des Menschen ist im Grunde ein Erkenntnisprozeß, ein allmähliches Sich-Entfernen vom Egozentrum hinweg. Aber schließlich wurde ich ungehalten gegenüber mir selbst wegen jenes Widerstandes, wegen meiner Unfähigkeit, *Herr* über jene Dinge zu sein – und ich erkannte auch alsbald die große Chance, welche sich mir in jener Situation erschloß.

Die Sonnenenergie ist ein wesentlicher Aspekt der universalen Grundkraft YANG, die Mondenergie hingegen ist YIN. Durch eine vermehrte Verwandlung der Sonnenenergie über das Zentral-Nervensystem in geistig-seelische Fluoreszenz vollzieht sich eine mehr oder weniger deutliche

Erhöhung der intellektuellen, ästhetischen und metaphysischen Qualitäten der Persönlichkeit. Wie bereits im Anfang dargelegt, ist unser Kopf der »Ausstrahlungspol« für die kosmisch-feinstoffliche Kraft und unser Gemütszustand hängt von der Intensität und der mehr oder weniger perfekten Reibungslosigkeit ab, mit welcher dieser belebende Strom die Hirn-Nervenzellen passiert. Ein idealer Prozeß der Vergeistigung liegt vor, wenn die infolge einer sinngemäßen Ernährung in Blut und Zellen bestehende Relation zwischen den Grundkräften YIN und YANG eine ganz bestimmte ist. Bei einem solchen ausgewogenen Idealzustand fließen die feinstofflichen antagonistischen Faktoren, die unseren Körper unaufhörlich durchfluten, vollwertig und in rechtem Verhältnis zueinander, das heißt also »optimal auflichtend«, in den Körper ein.

Aber auch bei überdurchschnittlich starker Zufuhr von Sonnenkraft können sich, infolge Überbelastung der Zellen, im Gemüt, insbesondere des an zentraler Schwäche Leidenden, negative Symptome ergeben. Sind die Zellen *ganz,* das heißt, in höchstem Sinne gesund, was heute relativ selten ist, so wird die geistig-schöpferische Leistungsfähigkeit durch ein heißes Klima außerordentlich erhöht. Daher kommt es beispielsweise, daß die großen Propheten in den von der Sonne besonders beschienenen (YANG-)Regionen lebten – und daß es viele der besten Dichter aus kalten (yinnigen) Gegenden zum Zwecke der Realisierung ihrer schöpferischen Konzeption in ein yangiges (heißes) Klima zog.

Rein biologisch betrachtet, ist die Situation aber umgekehrt: die Naturprodukte im yangigen (heißen) Klima sind YIN im Vergleich zu den in den yinnigen (kalten) Gebieten gedeihenden – und die Menschen der yangigen Zonen sind yinniger (träger) als die Bewohner des kühleren (yinnigeren) Nordens. Hierbei wirkt sich die klimabedingte, vermehrte Yinnigkeit der Frau vor allem in einem erhöhten erotischen Aufgeschlossensein aus, die Frauen des (yinnigen, kalten) skandinavischen Bereichs sind vergleichsweise viel mehr

»yang« (in einem zentripetalen, die Erotik verhaltenden Sinne). Der Typus der im Heißen lebenden Rassen verträgt einen etwas erhöhten Yin-Konsum, ohne dadurch Schaden zu nehmen.

Ein heißes Klima bietet die beste Voraussetzung für die höchste Form der Vergeistigung – vor allem bei Menschen, deren Sinn auf das »innere Licht« gerichtet ist – und insbesondere in Verbindung mit einer entsprechenden makrobiotischen Diät. Allerdings setzt die ganzheitliche Ertüchtigung nach einer derartigen Methode ein Höchstmaß an Selbstentäußerung, vor allem natürlich mit Bezug auf das Essen und Trinken, als mächtigsten Läuterungs-, das heißt Heilfaktor voraus. Denn das Verlangen nach YIN-Zufuhr ist begreiflicherweise viel größer im tropischen Klima als in der (yinnigen) Heimat des verhältnismäßig yangigen Europäers. Aber gerade in diesem ahnungslosen, übermäßigen Genuß aller jener außerordentlich yinnigen Faktoren liegt die oft erschütternde Tragik so vieler Ausgewanderten letzten Endes begründet.

Ein typisches Merkmal für eine noch nicht in einem höchsten Sinn ertüchtigte Zellfunktion ist ein Zustand der physischen Kraftlosigkeit bei allzugroßer Hitze. Dasselbe gilt, wenn das Wesen eines Menschen bei Sonnenschein erheblich »lichter« als bei Abwesenheit desselben ist. Erst wenn diese Mattigkeit bei großer Hitze sowie jeglicher »Hang nach YIN« (ernährungsmäßig und geistig, wozu, nebenbei gesagt, auch das mehr oder weniger starke »Heimweh« des Europäers nach dem kalten [yinnigen] Klima gehört) nachhaltig überwunden sind, erst dann ist der Mensch in seiner höchsten, überall in gleicher Weise gültigen, biologischen Form. – Der im höchsten Sinne gesundete Europäer, in dem der kosmisch-feinstoffliche Kräfteverlauf infolge völliger Ausgewogenheit von YIN und YANG im Blut und in den Zellen optimal verläuft, wird – ganzheitlich betrachtet – im yinnigen (kälteren) Klima schließlich noch mehr »yang« – und da solches sein eigentlicher Lebensstatus ist, erscheint mir sein etwa länger als jeweils ein halbes Jahr währender Aufenthalt in den tropischen Regionen im Interesse einer befriedigenden Auslastung seiner persönlichen Ganzheit nicht empfehlenswert.

Ein Zufall verschaffte mir die Möglichkeit eines etwa fünfmonatigen Aufenthalts im »Ignoramus-Zentrum« in der Nähe von São Paulo. Hier bekam ich die yangigen Speisen ebenso appetitlich wie gewissenhaft zubereitet. Das (empfohlene) Getränkequantum (aus gebräuntem Vollreis hergestellt) betrug einen Achtel- bis einen Viertel-Liter pro Tag! Bettstatt und Kopfkissen waren sehr hart – sie waren »yang« im Vergleich zu Daunenbetten und Kissen ... Die persönlichen Fortschritte, die ich unter diesen diätetischen Umständen machte, waren außerordentlich gut. Meine geistig-schöpferische Fähigkeit verdoppelte sich und auch die zum Teil noch negativen Symptome in der Sphäre des Wasserhaushaltes, des Schlafes, sowie der Willenskraft mit Bezug auf die sich in der Hitze immer noch wöchentlich ergebenden »Rückfälle in das YIN«, schienen langsam besser zu werden ...

Eine Gesamtbetrachtung meines Zustandes ergab jedoch: noch immer zu viel YIN. Noch immer klammerte ich mich an die Praxis des Yoga an, ein weiteres Zeichen dafür, daß die höchste Form der Gesundheit noch nicht verwirklicht worden war. Noch ahnte ich, daß in meiner tiefsten Tiefe irgendeine gewaltige Kraft ihrer Erschließung harrte ... Die effektive Entwicklung in mir ging mir zu langsam voran. Vor allem das nach wie vor erhöhte Wasserlassen und die letzten Endes noch immer wieder wöchentlich eintretenden Rückfälle in das YIN (Fruchteis etc.) schienen durch nichts zu besiegen zu sein. Schon hatte ich meine Rückkehr nach dem alten Kontinent in Erwägung gezogen, als mir ein meine volle, endgültige Gesundheit zur Folge habender therapeutischer Einfall kam.

Die entscheidende Phase

Was lag jetzt näher, als ein abermaliger Versuch mit der Elemente-Kombination, von der mir genügende Mengen noch zur Verfügung standen? Ihre Anwendung brachte auch dieses Mal einen unerwartet guten Erfolg, aber – offenbar sowohl aufgrund des nun schon erheblich gebesserten Zustandes der Zellen, als auch dank der viel intensiveren kosmischen Einstrahlung – erwiesen sich das Lithium wie auch das die Zellwand-Durchlässigkeit erhöhende Silicium schon bald als überflüssig, das heißt, sie paßten nicht mehr ganz in das transzendentale Bild des inneren Lichtes hinein. Ich wendete deshalb ausschließlich das *Aurum metallicum*, und zwar in der niedrigsten Potenz (erst D_3 und dann D_2-Tabletten) zusätzlich zu der YANG-Diät an. Vor allem dann, wenn das Sonnenlicht nachgelassen hatte, oder nicht mehr vorhanden war, also nach Sonnenuntergang, setzte ich die Tabletten in erhöhter Dosis ein. Es wurden anfänglich – auf den ganzen Tag verteilt – etwa sechs Tabletten, später sechs halbe und schließlich nur sechs- bis achtmal eine Viertel-Tablette eingenommen. In den ersten Tagen der Anwendung machten sich, insbesondere bei intensivem Sonnenschein, leichter bis starker Kopfschmerz und eine vom Herzen her stammende Übelkeit bemerkbar. Aber diese Symptome verschwanden schon nach relativ kurzer Zeit. Das Gold muß immer dann genommen werden, wenn die persönliche, innere lichte Kraft schwächer zu werden beginnt (was, wie gesagt, vor allem bei Entfall des intensiven Sonnenlichts eintrat), so daß die »Strahlungsintensität« der Zellen ununterbrochen eine optimale ist. (In der letzten Phase der morphologischen Zell-Ertüchtigung, wenn der Organismus, vor allem das Herz, entsprechend gefestigt ist, wird die Dosis des Aurum metallicum zweckmäßigerweise wieder erhöht.)

Diese Verbindung der starken Gold-Potenz mit der yangigen Ernährung erwies sich auch weiterhin als die ideale

Therapie. Nach der bloßen, zwei Monate dauernden, relativ strengen Diät behielt ich die letztere, nunmehr zusammen mit dem Gold, anderthalb weitere Monate bei. Der effektive Erfolg war über alles Erwarten gut. Es erscheint mir an dieser Stelle zweckmäßig, zu betonen, daß mir dank bestimmter, wesentlicher Beobachtungsverfahren eine besondere Möglichkeit der Kontrolle gegeben war und daß sich die rein morphologische Entwicklung im Bereich der Nervenzellen des Gehirns, außer in den letzten Wochen, außerordentlich langsam vollzog. Der von mir beschrittene Weg dürfte jedoch durchaus allgemeingültig und unfehlbar sein, so daß der Patient also außer der erwähnten Therapie lediglich noch Vertrauen sowie Ausdauer braucht.

Ich habe vor Jahren schon vorübergehend mit Petroleum experimentiert und die ungewöhnlich »auflichtende« Wirkung desselben an meinen damals leider sehr schwachen Zellen festgestellt. Die Homöopathie verwendet das Petroleum in gewissen Potenzen bei gewissen Krankheitsbildern (z. B. bei Rheumatismus, welcher »yin« ist, weil er vom feuchten [yinnigen] Klima gefördert wird), jedoch offenbar ohne zu wissen, daß dieser Naturstoff auf dem Wege über eine erhöhte feinstoffliche Strahlung der Zellen das Licht im Menschen auf eine ebenso wunderbare Weise zu erzeugen geeignet ist, wie in einer Lampe im dunklen Raum . . .

Ich verwandte gereinigtes Petroleum sogar *unverdünnt* und stellte dabei – unter Beibehaltung meiner YANG-Diät – eine enorme Auflichtung der wesentlichen Strahlung fest. Später erwies sich auch eine zeitweise Kombination mit Gold als vorteilhaft.

Damals hatte ich es unternommen, meine Teil-Erfahrungen, darunter vor allem auch die Ergebnisse der Anwendung des Petroleums, einem Arzte aufzuzeigen. Und heute, Jahre danach, erfahre ich, daß irgendein europäischer Mediziner angeblich den Krebs mit Hilfe von Petroleum zu heilen versucht. Aber solange die Diät des Kranken im Sinne von YIN und YANG nicht entsprechend ausgerichtet ist, wenn also der *Geist* des Kranken selbst sich nicht auch gewandelt hat, müssen endgültige Erfolge auch hier ausgeschlossen sein. – Sehr interessant war es für mich, von japanischer Seite zu hören, daß das Petroleum in Japan zum Zwecke der ... *Meditation* verwendet wird!!

Ein japanischer Forscher hat vor einigen Jahren eine erstaunliche Entdeckung gemacht, er stellte mikroskopisch fest, daß sich im Eiweiß unzählige kleine Spiralen befinden, die in der Form eines Strudels von außen nach innen verlaufen. Dieses seinerzeit unerklärliche Naturwunder ist der sichtbare Ausdruck der von Professor *Ohsawa* geschaffenen »logarithmischen Spirale«, die in ihren einzelnen Phasen den gesamten universalen Prozeß vom Unendlichen bis herab zum Individuum erhellt. So stellt auch die an der Haarbasis des menschlichen Hauptes sichtbare Spirale nichts anderes als den Ausdruck eben jenes ewigen, universalen Prinzips derselben Spirale dar, die uns übrigens in den kosmischen »Spiralnebeln« ebenfalls anschaulich wird. Angesichts der sich in meinem Falle nun immer deutlicher abzeichnenden, endgültigen Phase der zellmorphologischen Festigung drängte sich mir nunmehr die Überzeugung auf, daß mein zerebraler Gesundungsprozeß sich *ebenfalls in jener Spiralenform vollzog!* Der japanische Leiter unseres makrobiotischen Instituts bestätigte mir dann auch, daß meine Vermutung richtig sei – und fügte hinzu, daß die Spirale bei YIN-Erkrankungen von außen nach innen und bei den viel selteneren YANG-Krankheiten im umgekehrten Sinne verläuft. Es wurde mir nun klar, daß jene wunderbare universale Gesundung in mir sich nunmehr in jenen yangigsten Teil des Kopfes zu senken begann, der dem rein spirituellen Effekt der Großhirnstrahlung eine stark dynamische Note verleiht, nämlich in das *Mittelhirn!* Durch eine erneute Anwendung von gereinigtem Petroleum konnte die letzte Phase sehr beschleunigt werden.

Die Anzahl der Harn-Entleerungen, das hartnäckigste der negativen Symptome, wurde jetzt innerhalb von wenigen

Tagen nachhaltig normal, ja, es ging sogar bis auf drei, auf die Zeit von vierundzwanzig Stunden verteilte Urin-Entleerungen zurück! Gleichzeitig setzte eine geradezu »beängstigende« Yangisierung der ganzen Persönlichkeit ein. Ich verrichtete meine Arbeit jetzt so, wie »der Löwe den Hasen fängt« ... Literarische Essays, zu deren Fertigstellung ich sonst mehrere Tage benötigte, schrieb ich jetzt flüssig in wenigen Stunden hin. Die rein physische Leistungsfähigkeit nahm in demselben Maße zu und das tropische Klima übte nun auf mein körperliches Befinden selbst bei intensivstem Sonnenschein auch nicht mehr die geringste negative Wirkung aus, ich fühlte mich glücklich, leicht und frei. Das Erinnerungsvermögen nahm in erstaunlichem Maße zu. Besonders auffällig war die relativ kurzfristig einsetzende, erhebliche Verringerung des Eiweiß- und Lezithin-Bedarfs. Aber ebenso interessant ist es auch, daß von da ab jede versuchsweise, sehr verstärkte YANG-Zufuhr die Nervenzellen und damit die ganze Persönlichkeit nicht mehr zu einem »Umschwung« in das Negative, Sterile bewog. Das YANG hielt das YIN zurückgedrängt. Nur in den letzten Wochen war der Antagonismus der Kalium-Natrium-Funktion mitunter noch in einer feinen, aber keineswegs mehr krankhaft-negativen Form am Wesensbild feststellbar. Eine vorübergehende, yinnige Phase wirkte sich dann in einer etwas betonten »Abgeklärtheit« aus. Im Laufe der Zeit glich sich jedoch auch dieser noch verbliebene, spürbare Wechsel aus.

In jener letzten Phase der Gesundung hatte die von *Coué* empfohlene Selbst-Beeinflussung: »Es geht mir von Tag zu Tag in jeder Hinsicht besser und besser ...«, kurz vor dem Einschlafen sowie kurz nach dem Erwachen ohne besonders bewußte Anteilnahme dem Unterbewußtsein durch zwanzigmaliges Aussprechen suggeriert, im Rahmen des ganzen Geschehens einen außerordentlich tiefgreifenden Effekt gehabt.

Mein Bericht wäre unvollständig, wenn ich nicht noch erwähnte, daß sich vor allem auch in der zwischengeschlechtlichen Sphäre eine positive Entfaltung ergab. Das Kontaktvermögen nahm in unerwartetem Maße zu. Die innere Wertigkeit des Menschen wird analog zur Intensivierung seines kosmisch-gebundenen, feinstofflichen Kreislaufs erhöht! Hierzu sei bemerkt, daß eine entscheidende Erweiterung der intercoitalen Zeitspanne erst in der letzten Phase der zellmorphologischen Ertüchtigung empfehlenswert bzw. überhaupt erst gänzlich ohne nachteilige Folgen realisierbar wird. Erst dann gestaltet sich die sexuelle Enthaltsamkeit in eine in sich selbst ständig »kerniger« werdende und an innerer Dynamik noch weiter gewinnende Geisteskraft um. Die Frage der Beherrschung des Niederen durch das Höhere Selbst wird erst mit der endgültigen Herstellung des absoluten Spiritualisierungsprozesses unter vollgültiger Anteilnahme des *gesamten* Zentralnervensystems entschieden. Dieses Geschehen ist eng mit dem vom Zwischenhirn gesteuerten *Wasserhaushalt* verknüpft. Während alle meine früheren Versuche, auf eine Norm von zum Beispiel nur einem Viertel-Liter Flüssigkeit pro Tag zu gelangen, vergeblich waren, ergab sich nunmehr, gleichzeitig mit der willensmäßigen und ohne die geringsten negativen Folgen verlaufenden Unterstellung der Sexualität – auch die meine tiefgreifende, konstitutionelle Abwandlung in das YANG ebenfalls bestätigende Fähigkeit, mit einem Viertel-Liter pro Tag (abgesehen von der zum Kochen benötigten Flüssigkeit) ohne jegliche Leistungsminderung auf die Dauer auszukommen! Während ich früher täglich bis zu anderthalb Liter Flüssigkeit in Form von Getränken zu mir nahm und dieses Quantum sich vor allem bei geistiger Belastung erheblich erhöhte, war mir nun, trotz subtropischem Klima, nach Einstellung der Gold- und Petroleumzufuhr und bei weitgehend trocken zubereiteter Getreidekost ohne Suppenbeigabe – die Einhaltung jenes Minimums an Flüssigkeit pro Tag, das bei höchster Yangisierung als Norm gilt, möglich geworden.

Die Anzahl der täglich ausgekämmten Kopfhaare lag von nun ab ständig unter zehn, die inneren Flächen der Hände blieben absolut trocken und wurden an ihren Rändern fester. Der Schlaf wurde außerordentlich tief und erreichte die endgültige Norm von fünf bis sechs Stunden pro Nacht. Rückblickend ist noch zu sagen, daß das Äußere meiner Person, vor allem das Gesicht, im Laufe der verschiedenen Behandlungsphasen mehr oder weniger starken Schwankungen unterworfen war. Ich war einige Zeit lang sehr mager. Anderseits brachte jeder Rückfall in das YIN (vor allem bei Flüssigkeitsgenuß) am darauffolgenden Tage ein mehr oder weniger »volles« (in Wirklichkeit aufgeschwemmtes = yin) Aussehen mit sich, wie man es heute oft für den Ausdruck wahrer Gesundheit hält. Die letzte Phase der Ertüchtigung ergab eine schlanke, kernige Konstitution.

Die YIN-YANG-Diät sieht als Hauptgericht Vollgetreide vor. In dem yangigen, südamerikanischen Klima bestand dieses Hauptgericht fast ausschließlich aus Reis, welch letzterer das ideale YIN-YANG-Gleichgewicht aufweist. In Europa sind yang-betontere Hauptgerichte empfehlenswert, sowohl diese als auch der zumindest hin und wieder angezeigte Reis (aus möglichst nahem Ursprungsgebiet!) sind durch Anbräunen (vor dem Kochen auf kleiner – yangiger – Flamme) in Sesam-Öl, oder entsprechendes Würzen mit Meersalz, Shoyu etc. zu yangisieren.

Allgemein gilt, daß, je gewissenhafter man vor allem das Getreide zerkaut (jeden Bissen mindestens siebzig-, am besten hundertmal!) desto rascher die Heilung vonstatten geht. Durch das sorgfältige Kauen wird ein reichlicher Speichelfluß erzeugt und die anfänglich meist recht schwierige Beschränkung der Flüssigkeitszufuhr erträglicher gestaltet. Ebenso wird der Gesundungsprozeß beschleunigt, wenn der Gemüse-Anteil so lange wie irgend möglich entfällt und und auch nachher auf einer sehr niedrigen prozentualen Relation zum Getreidegericht gehalten wird. Von diesen Zweckmäßigkeiten in uneingeschränkter Form Gebrauch zu machen, ist im Falle der Nervenschwäche auf die Dauer zunächst leider nicht durchführbar gewesen, da der YANG-Gehalt des Blutes durch solche Maßnahmen außerordentlich erhöht und die Zellen in ihrer Funktion mit allen dazugehörigen, negativen Äußerungen der Psyche in zu rascher Folge und auch zu kraß wieder untüchtig wurden (yin) – ein Zustand, der sich, wie erwähnt, sehr lange Zeit hindurch ausschließlich durch die sexuelle »Ent-Yangisierung« wieder beheben ließ.

Die im Falle zentraler Nervenschwächen oft empfohlene Blutdrucksenkung ist eine YIN-*Erscheinung*, sie kann mithin als solche keinesfalls zu einer tatsächlichen Besserung führen. Das Prinzip der wirklichen Ausheilung der Schwächen des Zentralnervensystems liegt in einer unermüdlichen, immer wieder von neuem unternommenen Erhöhung des YANG-Potentials in einem, sowohl durch die tägliche Ernährung, als auch durch die chemischen Elemente in einem universalen Sinne gesicherten und umfassenden Maße. Die Umwandlung einer ausgesprochenen YIN-Konstitution, wie sie gerade im Falle zentraler Nervenschwächen gegeben ist, in eine ganzheitlich yangige Persönlichkeit läßt sich nach meiner Erfahrung nur ganz allmählich mit dem dargelegten Verfahren in Verbindung mit einer unerschütterlichen Zuversicht in die Präzision der universalen, ewig-gültigen Gesetzmäßigkeiten erreichen.

Höchste metaphysische Praxis, Zusammenfassung und Ausblick

Besonders die letzte Phase der Gesundung hatte sich als geeignet erwiesen, mich von der völligen Richtigkeit des beschrittenen therapeutischen Weges zu überzeugen. Es erscheinen mir hier noch einige allgemeine Worte über die Beziehung der zellmorphologisch bedingten, wesentlichen Entfaltung zu den parapsychologischen Phänomenen angebracht. Suggestion, Hypnose, Telepathie, Telekinese usf.

haben um so größere Aussicht auf einen vollständigen Erfolg, je näher die Persönlichkeit des Praktikers sich dem biologischen Optimum – der »siebenten Stufe« – befindet. In dieser Stufe geht die mechanische Denkfunktion in der Unbegrenztheit des absoluten *Bewußtseins* vor sich, sozusagen als ein von der universalen, höchsten Intelligenz überwachtes, »lokales« Geschehen, während jenes freie Bewußtsein selbst das zu beeinflussende Objekt ganz generell im Banne hält, ohne dabei auf dasselbe irgendwie störend zu wirken. Es wird verständlich erscheinen, daß auch der Kraftaufwand des Praktikers je nach dem Grade der Losgelöstheit seines Denkapparates von dem reinen Bewußtseins-Substrat mehr oder weniger groß sein muß. Wenn ein jeder Gedanke laut *Bernheim* auch bestrebt ist, sich zu verwirklichen und, zum Beispiel in der Hypnose, im Objekt automatisch weiterwirkt, so kommt es doch primär jedenfalls auf die Intensität des Gedankens und auf die von seinem Sender im Raume geschaffene, allgemeine Situation, unter der er ausgesandt wird, an. Sowohl die suggestive Kraft des Gedankens, als auch das ganze magische Milieu, sind letzten Endes ein Produkt des mehr oder weniger perfekten, kosmisch-feinstofflichen Prozesses, welcher sich in der persönlichen Sphäre des Praktikers vollzieht.

Sehr vorteilhaft kann es besonders bei großer Nervenschwäche sein, wenn man sich tagsüber nicht allzusehr, dafür jedoch kurz vor dem Schlafengehen intensiv yangisiert (zum Beispiel durch Einnehmen einiger Löffel *Goma-Sio*, einer individuell zu ermittelnden Menge von Misò, Tahin etc. – denn in der YIN-Phase (Nacht!) kommt ja kein Durstbedürfnis auf. Als außerordentlich zweckmäßig erwies sich mir während einiger Zeit auch die Anwendung von zusätzlich jeweils einer Tablette Lithium zur Auflichtung des Stoffwechsels während der Nacht.)

Die durch sinnvolle YANG-Ernährung morphologisch ertüchtigten Zellen, das heißt also die Zellen eines körperlich, geistig und seelisch aufgrund des Gleichgewichts von

YIN und YANG im Blute durch und durch reinen, »leuchtenden« menschlichen Wesens können in der letzten Stufe der Auflichtung mit Hilfe einer homöopathischen Verreibung von *Diamant** in Verbindung mit der YIN-YANG-Ernährung konsolidiert und auf einem hohen Strahlungsniveau gehalten werden. Falls erforderlich, ist der Effekt des Diamanten anfänglich mit etwas Aurum met. zu unterstützen. Im Anfang der Anwendung des Diamantpulvers, das heißt, so lange es an der an sich letzten (freien) Stufe der Gesundheit noch etwas zu festigen gibt, erscheint mir sogar eine jeweilige zusätzliche Dosis *Goma-Sio* (extrem yang) unbedingt angezeigt.

Es sei jedoch erneut darauf hingewiesen, daß die Anwendung der Diamant-Verreibung auf die Dauer nur bei im dargelegten Sinne aufgelichteten Zellen durchaus reiner Naturen positiv wirken kann.

Ich fasse meine im Zuge der systematisch bewirkten Metamorphose des Gehirns gesammelten Erfahrungen hiermit wie folgt zusammen:

1. Die Heilung zentraler Schwächen resp. deren Umwandlung in höchste Leistungsfähigkeit kann nur auf der Grundlage der Wiederherstellung des Gleichgewichts der Kräfte YIN und YANG in den Nervenzellen erfolgen. Hierzu ist die gewissenhafte Durchführung einer entsprechenden, makrobiotischen Ernährungsweise unerläßlich, weil der etwa positive Effekt aller anders gearteten therapeutischen Verfahren, bei denen der Faktor der Ernährung vom universalen Gesichtspunkte aus nicht beachtet wird, eben durch die tägliche Nahrungszufuhr zwangsläufig mehr oder weniger wieder zunichte wird. Aber auch viele, im Falle zentraler Nervenschwächen (YIN) verwendete Medikamente sind »YIN«.

2. Eine völlige Ausheilung der zentralen Schwächen, insbesondere solcher konstitutioneller Art, ist offenbar nur bei

* Der Diamant kann als Trituration (D 10-15) von der Firma WELEDA, Schwäbisch-Gmünd, bezogen werden.

Verbindung der makrobiotischen Diät mit dem Element Aurum metallicum in einer individuell zu ermittelnden Potenz, welche, sofern das wünschenswert resp. erforderlich erscheint, bis auf ∅ D2 im Laufe der Zeit zu reduzieren ist, durchführbar. Bei sehr großer Schwäche der Zellen hat sich die homöopathische Dreier-Kombination Aurum-Silicea-Lithium, zusätzlich zur YANG-Diät, bewährt. Bei Verwendung dieser Kombination ist jedoch eine sehr gewissenhafte, individuelle Ermittelung der geeigneten Potenzen und Dosierung unerläßlich, wobei der wesentliche Auflichtungsgrad als wichtigster Maßstab zugrunde zu legen ist. Grundsätzlich sind die Elemente nur dann einzusetzen, wenn mit der bloßen Diät ein kontinuierlicher Fortschritt nicht erzielt werden kann.

3. *Petroleum* wirkt außerordentlich harmonisch wesensauflichtend – das heißt, daß es geeignet ist, die »Strahlung« der Zelle zu heben. Die Intenvisierung des Wesens wächst mit der Senkung der homöopathischen Potenz. Die morphologisch vollkommen ertüchtigte Zelle des in jeder Hinsicht reinen (aufgelichteten) Menschen wird in ihrer Strahlungstüchtigkeit in Verbindung mit der YANG-Diät durch Anwendung einer Trituration von *Diamant* gestärkt.

4. Die Sonnen-Energie (YANG) wirkt sich besonders zellaktivierend im Bereich des Zentralnervensystems aus, über welches der Austritt der kosmisch-feinstofflichen Kräfte aus dem Blute des Menschen erfolgt. (Einer vor Jahren in einer deutschen Zeitung erschienenen Bildreportage zufolge hat ein Franzose nachweislich durch seine bloße, geistige Kraft kleinere Wolkengebilde zerteilt und aufgelöst. Ich selbst habe einem solchen, von einem anderen Praktiker durchgeführten Schauspiel beigewohnt.) Der unschätzbar wichtige therapeutische Faktor »Sonnenkraft« ist in Verbindung mit der Anwendung der mit den genannten chemischen Elementen, dem Petroleum und schließlich der Diamantverreibung verbundenen YANG-Diät in die Praxis der Heilung, wenn irgend möglich, entsprechend einzubeziehen.

5. Eine vollständige Ausheilung zentraler Schwächen im universalen Sinne, das heißt also deren Verwandlung in höchste Gesundheit und Leistungskraft, kann nur bei Personen erfolgen, deren grundsätzliche Einstellung im Sinne der Mitwelt ist. Der Prozeß der Festigung verläuft allem Anschein nach in *Spiralenform* und zwar von außen nach innen, vom Großhirn in das Mittelhirn (Zwischenhirn) hinab und kann vor allem angesichts seiner sehr allmählichen Art nur von Menschen mit einer entsprechenden, lichten Glaubens-Haltung durchgestanden werden.

6. Das täglich erforderliche Flüssigkeitsquantum ist individuell verschieden. Bei Erlangung der höchsten Gesundheitsstufe ist dasselbe jedoch immer sehr minimal. Je weniger man trinkt, desto größer wird die persönliche intellektuelle Kraft. Bei schwerer physischer Anstrengung kann sich der Flüssigkeitsbedarf in mäßigen Grenzen erhöhen. Der Menge der Speisen wird von der in ihrer gesamten inneren Einstellung gewandelten, weil biologisch ganzheitlich gesundeten Persönlichkeit auf ein ausgewogenes, eher yangbetontes Mindestmaß unter weitgehender Vermeidung tierischer Substanzen beschränkt.

7. Die im Vorstehenden beschriebene Nervenschwäche war in ihrer Art und Schwere von Vertrauensärzten bestätigt und Anlaß zu einem mehrere Jahre lang währenden Bezug einer staatlichen Rente geworden. Die durch das dargelegte therapeutische Verfahren erlangte Gesundheit ist eine grundsätzlich definitive und wird in jeder Weise überdurchschnittlich hohen Anforderungen gerecht.

8. Die endgültige Vereinigung der Antagonismen innerhalb der Persönlichkeit hat eine beständige Friedfertigkeit der letzteren zur Folge. Sie ist die biologische Voraussetzung für das Wiedererstehen der eigentlichen, liebenden menschlichen Natur und wird, da sie ja die Verwirklichung der ganzheitlichen Gesundheit ist, von jedem einzelnen bewußt oder unbewußt angestrebt. Dieser optimale biologische Zustand des Menschen ist auch in einem höchsten

Sinn völkerverbindend, weil in ihm ein jeglicher trennender »Rasse-Gedanke« entfällt.

9. Die vertretene Therapie ist in keiner Weise etwa gegen die Belange der Psychiatrie gerichtet – sie kann, im Gegenteil, ausschließlich dazu geeignet sein, dieselben in jeder Beziehung günstiger zu gestalten. Unerläßlich dürfte lediglich eine grundsätzlich richtungbestimmende Orientierung der Wissenschaft im Sinne der universalen Gesetze, insbesondere für die Behandlung krankhafter zentraler Geschehen im Menschen, sein.

10. Als ein ebenso wirkungsvolles wie zuverlässiges Verfahren zur Regeneration schwacher Nervenzell-Verbände sei an dieser Stelle noch die folgende gewissenhaft erprobte Methode angeführt:

Es wurde täglich eine Trinkampulle Bienenkönigin-Futtersaft (siehe Seite 18) innerlich angewendet – und zusätzlich zu dieser biologischen Zell-Ernährung wurde eine jeweilige Tiefenmassage mit einem Resonanzschwingungen erzeugenden Hand-Vibrations-Apparat* in den nachstehenden Bereichen des Körpers durchgeführt:

Vor allem der gesamte Schädel (hierbei wurden die Stelle über der Nasenwurzel, der Scheitel-Mittelpunkt sowie die Einbuchtungen des Nackens hinter den Ohren besonders berücksichtigt). – Außerdem: Das Herz, der Magen, die Sphäre des Sonnengeflechts, die Steißbein-Region sowie das Gebiet über der Harnblase (Akupunkturbereich Chi Chai).

Diese täglich zusätzlich zu der biologischen Zell-Ernährung angewandte Vibrationsmassage wirkte sich vor allem festigend offenbar auf das Bindegewebe aus, sie gestattete schon nach einer relativ kurzen Zeit der Anwendung eine bedeutende Verringerung und schließlich gänzliche Aufhebung der Apiserum-Therapie.

Auch für dieses segensreiche Verfahren zur Zell-Regene-

* Verwendet wurde das Heilpraktiker-Gerät MASPO-SUPER

ration ist als elementare Basis eine nach Möglichkeit yangige Ernährungsweise erforderlich.

Möge dieser bescheidene, in Jahren des Leidens und der Entbehrungen gereifte Beitrag dazu geeignet sein, den Millionen von Nervenschwachen dank der Einsicht der menschlich und heilerisch größten Geister unserer Zeit wahrhaftige Hilfe zu bringen!

DREI EICHEN VERLAG

8 München 60, Landsberger Straße 527